AF198638

HerzensWunsch

Kirsten Jebsen
2017

Bibliografische Information der Deutschen Nationalbibliothek: Die Deutsche Nationalbibliothek verzeichnet diese Publikation in der Deutschen Nationalbibliografie; detaillierte bibliografische Daten sind im Internet über http://dnb.dnb.de abrufbar.

Zeichnungen: Kirsten Jebsen
Cover / Layout: Joß Krebs
Lektorat: Rebecca Weißleder

Herstellung u. Verlag:
BoD – Books on Demand, Norderstedt
ISBN-Nummer: 978-3-7448-8326-9

HerzensWunsch

Kirsten Jebsen
2017

Inhalt

Mein Herzenswunsch
kommt aus tiefstem Herzen

HerzensWunsch

Herzlich Willkommen liebe Leserin und lieber Leser. Sie möchten leichter und reicher leben?
Dann geht es jetzt um Ihren Herzenswunsch.

Ein Herzenswunsch ist ein Wunsch, der aus tiefstem Herzen kommt. Dieser Wunsch ist grenzenlos und manchmal sogar grenzensprengend.
Das liegt daran, dass ein Herzenswunsch völlig rein ist, wie ein unschuldiges, kleines Kind.

Ein Wunsch, der aus dem Herzen kommt, wird anders wahrgenommen, als der aus dem Verstand. Ein Herzenswunsch ist mit starkem Herzklopfen verbunden.
Bei diesem Wunsch fängt das Herz an zu hüpfen und die Augen beginnen zu leuchten.

Ich spüre meine Traurigkeit

Spüren wir, dass uns gleichzeitig heiß und kalt wird, sind wir sehr dicht an unserem Herzenswunsch.

Dann dürfen wir achtsam sein, indem wir ihn bewusst annehmen und nicht gleich verdrängen.

Wir dürfen ihn anschauen, in ihn hineinfühlen und uns fragen: „Was ist es genau, was ich jetzt aus tiefstem Herzen möchte?"

Bei dem Thema Herzenswunsch ist unser Verstand unser größter Herausforderer.

Sehr schnell neigt er dazu, zu sagen: „Das geht doch gar nicht! Wie stellst du dir das denn vor? Das ist unmöglich! Bleib mal auf dem Boden der Tatsachen! Das ist einfach nicht realisierbar!"

Ich bin der wichtigste Mensch in meinem Leben

Herausforderer Verstand

So oder ähnlich denkt der Verstand sehr schnell. Haben wir Zugang zu unseren Gefühlen, können wir spüren, wie traurig uns das macht.

In dem Moment duckt sich unser inneres Kind weg und zieht sich zurück.
Dabei empfindet es: „Ich werde weder gesehen, noch gehört. Ich bin nicht wichtig, noch darf ich sein, wie ich bin."

Und damit breitet sich in uns eine starke Traurigkeit aus.

Ich entscheide mich für
die Stimme meines Herzens

Was sagt mir mein Herz?

Von daher ist es absolut wichtig, dieser inneren Stimme Gehör zu schenken und den Mut zu haben, sich zu fragen: „Was möchte mein Herz mir sagen?"

Wenn sich in dem Moment der Verstand erneut einschaltet, ist es erforderlich, ihm Einhalt zu gebieten und zu sagen: „Nein, du bist jetzt still! Ich höre auf mein Herz und lasse mich darauf ein."

Wichtig ist die klare Erkenntnis: „Ich bin weder mein Verstand, noch bin ich mein Herz.
Ich bin Meister in meinem Reich der Liebe und es gibt jetzt gerade zwei Stimmen, die mir etwas mitzuteilen haben.
Und ich habe mich jetzt für die Stimme meines Herzens entschieden!"

Was möchte ich wirklich aus tiefstem Herzen?

Auf die innere Stimme hören

Viele Menschen haben vergessen, dass sie der Meister in ihrem Leben sind.

Aus Gewohnheit folgen sie der Stimme ihres Verstandes und lassen sich von ihr bestimmen. Dann lassen sie zu, dass sich der Verstand, als Herrscher ihres Reiches, auf den Thron setzt und regiert.

Ein guter Tipp ist, sich zu fragen: „Was möchte ich? Was möchte ich wirklich aus tiefstem Herzen?"

Und je mehr Raum wir dieser inneren Herzensstimme geben, umso deutlicher wird sie auch.

Sie wird klarer verständlich und wir spüren, dass sich unser Herzensraum erneut weiten kann. Viele Menschen jedoch gehen bereits stark nach vorne gebeugt, sodass ihr Herz nicht mehr so viel Raum einnehmen kann. Stattdessen wird der Verstand mit seinen uralten Informationen auf der „Festplatte" als selbstverständlich und für normal im täglichen Leben gehalten.

Ich entscheide mich
für mein Herz

Unser Herz schlägt für uns

Fühlen wir jedoch einmal genau hin, können wir erkennen, wie stark unser Herz für uns schlägt und nach uns ruft.

Haben wir den Mut, auf unser Herz anstelle unseres Verstandes zu hören, trägt dies sehr dazu bei, dass wir uns deutlich friedlicher und glücklicher fühlen und somit auch zu einer friedlichen Welt beitragen.

Ich fördere meine Gesundheit,
indem ich auf mein Herz höre

Gesundheit wird gefördert

Natürlich wird die eigene Gesundheit sehr gefördert, wenn auf das Herz gehört wird.

Meistens ist es jedoch so, dass der Verstand sehr ehrgeizig ist. Er sagt uns zum Beispiel: „Die letzten Meter schaffst du auch noch!", ungeachtet der Müdigkeit des Körpers.

Dann hören wir auf alte Glaubensmuster, die von unserer „Festplatte" aus dem Verstand abgespult werden: „Ich muss jetzt aushalten, durchhalten und die Zähne zusammenbeißen!"

In solchen Momenten ist es ganz besonders wichtig, auf das Herz zu hören. Vielleicht sagt es: „Nein, es reicht jetzt, es reicht wirklich! Ich bin müde und möchte mich ausruhen und hinlegen." Oder es sagt: „Ich möchte jetzt an die frische Luft gehen und einen schönen Spaziergang in der Natur durchführen. Ich will aus dem zwanghaften Tun herauskommen, einmal tief durchatmen und jetzt genau das tun, was mir jetzt wirklich gut bekommt."

Ich setze
meinen Herzenswunsch um

Wir sind Glückes Schmied

Wenn wir Menschen wissen, wie frei und selbstbestimmt wir wirklich sind und dass wir tatsächlich unseres Glückes Schmied sind, bereitet es sehr viel Freude, auf die Herzenswünsche zu hören und sie umzusetzen.

Ich bin frei von Zweifeln

Zweifel

Nehme ich jedoch einen Herzenswunsch wahr und sage von vornherein: „Aber das geht ja gar nicht!", schiebe ich mit diesem Zweifel einen energetischen Riegel zwischen den Herzenswunsch und dessen Umsetzung.

Dementsprechend schwer lässt sich daraufhin auch der Wunsch erfüllen.

Ich bin im Einklang mit meinen
Gedanken, Worten, Gefühlen
und Handlungen

Pfeil klar auf das Ziel ausrichten

Idealerweise denken wir dorthin, wohin wir auch wirklich aus tiefstem Herzen möchten.
Es ist wie mit einem Pfeil, den ich auf das Ziel ausrichte und abschicke.

Das Gleiche mache ich mit meinen Gedanken, Worten, Gefühlen und Handlungen.
Wenn sie im Einklang mit meinem Herzenswunsch sind, bin ich wirklich ein sehr bewusster Schöpfer.

Dann sende ich eine gebündelte Energie, gleich einem Laserstrahl, aus, woraufhin das Universum reagiert.

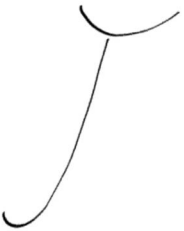

Ich habe Mut
zur absoluten Klarheit

Mut und Klarheit

Wichtig dabei ist, wirklich den Mut zur absoluten Klarheit zu haben.

Klar zu sein in seinen Gedanken, Worten, Gefühlen und Handlungen.

Sind wir es nicht und sagen zum Beispiel: „Ich hätte gerne, aber das geht nicht, weil…"
Oder: „Ich würde mich so gerne trauen, aber ich traue mich nicht, denn…"
Oder: „Heute Morgen würde ich es gerne umsetzen, aber vielleicht warte ich doch noch, evtl. gelingt es mir morgen besser…", schiebe ich viele energetische Riegel dazwischen.

Somit kann eine Manifestation des Herzenswunsches nicht geschehen.

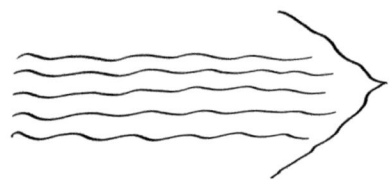

Ich lenke bewusst meine Energie

Alles ist Energie

Alles ist Energie und deshalb ist es wichtig, die Energien bewusst zu lenken.

Ich kann natürlich immer auf den Mangel und auf das Negative schauen.
Auf das Destruktive, auf das, was nicht funktioniert, was nicht gut und nicht richtig ist, was ich nicht will.

Lenke ich darauf sehr viel Aufmerksamkeit, manifestiert sich genau das, was ich nicht möchte.

Ich bin mir meiner Wortwahl
bewusst

Glauben an Opferdasein

Vielen Menschen ist nicht bewusst, wie sehr sie sich ihre Lebenssituationen selbst kreieren.
Sie sagen dann: „Siehst du, habe ich ja gleich gesagt, dass es nicht funktioniert!"

Ein bewusster Mensch kann in dem Moment nur darüber lachen.
Und ein unbewusster Mensch hat erneut das Gefühl, Opfer zu sein.
Opfer seiner eigenen unbewussten Aussendungen.

Ich genieße von jetzt an
die Schönheit, Freude und Fülle
des Lebens

Bewusster Schöpfer unserer Realität

Und wenn wir erst einmal anfangen, bewusst hinzufühlen und zu erkennen, wie sehr wir uns unser Leben selbst kreieren, fängt es an, Spaß zu machen, wenn wir konstruktiv werden und sagen:
„Wenn ich mir bis hierhin das ganze Negative in meinem Leben kreieren konnte, kann ich doch nun neu entscheiden:
Ich will nicht mehr leiden! Ich habe so viel Leid gehabt, ich möchte jetzt auch die Schönheit, Freude und Fülle des Lebens genießen!"

Und schon von dem Moment an verändert sich etwas in unserem Leben.

Ich spreche klar aus, was ich will

Bewusste Konsequenz

Es bedarf bewusster, konsequenter Arbeit, seine Gedanken umzuwandeln. Allzu oft sagen wir von vornherein: „Ich hätte so gerne dieses und jenes, aber es geht ja sowieso nicht."

In dem Moment ist es wichtig, gleich zu sagen: „Halt, Stopp, wie war das? Ja, ich möchte das gerne und ich bleibe dabei! Ich spreche jetzt ganz klar aus, was ich will, was ich aus tiefstem Herzen möchte, ohne dass ich es mit einem Zweifel sofort wieder sabotiere."

Meine positive Wortwahl
fühlt sich gut an

Konditionierung gleicht negativem Strickmuster

Für uns Menschen ist es nicht leicht, positiv zu denken. Unsere Konditionierung, das ist unser „Strickmuster", ist eher negativ ausgerichtet.

Das bedeutet, dass wir uns im Laufe unseres Lebens an Informationen gewöhnten, die wir aus unserem Umfeld übernahmen.
Wir haben uns an diese Informationen gewöhnt, obwohl sie zum größten Teil sehr negativ und dementsprechend destruktiv sind.

Häufig wird gesagt: „Ach, das ist nicht schlecht." Was nachhallt ist „schlecht!" und wir fühlen uns in unserer Energie heruntergezogen.
Sagen wir stattdessen: „Ja, es ist gut!", können wir spüren, wie erhebend es sich für uns anfühlt.

Ich fühle mich leicht

Hohe Frequenz –
Ich fühle mich obenauf

Da wir alle Schöpfer unserer eigenen Realität sind, ist es sehr klug, auf einer hochschwingenden Frequenz zu sein.
Wir kennen es aus dem Sprachgebrauch, wenn wir zum Beispiel sagen: „Mir geht es heute gut, ich bin so obenauf und fühle mich leicht."

Das sind die Momente, in denen wir gute Gedanken und gute Gefühle haben.

Wir fühlen uns einfach gut und was passiert?

Plötzlich lachen uns fremde Menschen an, wir bekommen von dem Blumenhändler eine Blume geschenkt und fragen uns: „Was ist denn heute mit den Menschen los? Sie strahlen mich alle so an."

Ich sende Gutes aus
und ziehe Gutes an

Gesetz der Resonanz

Es gibt das universelle Gesetz der Resonanz.

Dieses besagt, dass ich genau das in mein Leben ziehe, was ich zuvor ausgesendet habe.

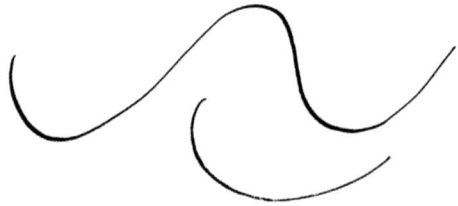

Ich nehme bewusst wahr,
wie ich mich fühle

Niedrige Frequenz -
Ich fühle mich heruntergezogen

Ebenso ist es auch, wenn ich mich heruntergezogen fühle und „down" bin. Dann behaupte ich: „Ich hänge durch!"
Dementsprechend bin ich auf einer niedrig schwingenden Frequenz, was bedeutet, dass ich negative Gedanken und Gefühle habe.

Ich fühle mich vielleicht schlecht, wertlos, unattraktiv und einfach nicht gut genug.

Schon bin ich auf einer sehr niedrigen Schwingungsfrequenz. Und genau auf dieser Ebene ziehe ich Menschen und Situationen an, die mich darin bestärken.
Dann stoße ich mir den Zeh am Tischbein, verpasse im letzten Moment doch noch den Bus, oder es kommt irgendjemand um die Ecke und macht mich blöd an.

Daraufhin empfinde ich die Welt als negativ und dass das Leben es nicht gut mit mir meint.

Ich bin Liebe, Freude, Frieden
und Freiheit

ICH BIN

Hilfreich ist es, sich in dem Moment auf die wahre Kraft, die in uns ist, zu besinnen.
ICH BIN. ICH BIN Liebe, ICH BIN Freude, ICH BIN Freiheit, ICH BIN Frieden.
Das ist unsere wahre Essenz. Erkennen wir, dass wir alle aus der gleichen Quelle oder Schöpfung, wie auch immer wir es nennen wollen, kommen, spüren wir eine reine Lebendigkeit in uns.

Diese Lebendigkeit nehmen wir auch in der Natur wahr, weshalb wir uns darin so wohl fühlen.
Gehen wir zum Beispiel durch einen Wald spazieren, spüren wir Frieden, Freude und Leichtigkeit und tanken dementsprechend viel Kraft.
Wir fühlen uns dann einfach gut. Warum? Weil uns der Wald vergegenwärtigt: „Schau und fühle genau hin! Du bist ebenso lebendige Natur. Du bist Liebe, Frieden und Freude!"

Dies alles ist unsere wahre Essenz und gerade in unserer technisierten Welt dürfen wir uns bewusst daran erinnern.

Was tut mir wirklich gut?

Was tut mir gut?

Was genau kann ich tun, wenn ich mich schlecht fühle?

Ich kann mich fragen: „Was will ich aus tiefstem Herzen? Was tut mir wirklich gut?"
Das kann zum Beispiel eine köstliche, heiße Tasse Tee sein oder ein entspannter Spaziergang an der frischen Luft.

Ich kann auch in die Stille gehen, meine Augen schließen, auf den Atem achten und erst einmal wieder bei mir selbst ankommen.

Ich darf lernen, mir Freude zu bereiten, indem ich mich selber gut behandle.

Ich gehe liebevoll und achtsam
mit mir um

Wie denke ich über mich?

Wir dürfen unsere Gedanken überprüfen und uns fragen: „Wie denke ich über mich? Sind es liebevolle Gedanken?"

Wie oft jedoch beschimpfen wir uns selbst, putzen uns herunter und denken schlecht über uns.
Dennoch wünschen wir uns, dass uns andere Menschen wertschätzen und liebevoll mit uns umgehen. Das kann jedoch nicht funktionieren.

Erst, wenn ich mich selber lieb habe, sehr achtsam und respektvoll mit mir umgehe und erkenne:
„Ja, ich bin ein Mensch und durchlebe sehr viele Erfahrungen.
Auch mache ich nicht immer alles richtig. Und doch ist es wichtig, zu erkennen, dass es notwendige Erfahrungen waren, aus denen ich wertvolle Erkenntnisse gewinnen konnte.

Und von nun an werde ich manches anders machen."

Ich entwickle mich
in die richtige Richtung

Weiterentwicklung –
es geht mir gut!

Wenn wir so herangehen, stellen wir fest, dass wir eine Entwicklung durchschreiten, die uns stetig weiter bringt.

Und das gibt uns ein Gefühl von: „Es ist alles gut so, wie es jetzt ist.

Ich komme voran und entwickle mich in die richtige Richtung."

Ich habe Freude an
meinen Herzenswünschen

Tadel in der Kindheit

Und so ist es auch mit den Herzenswünschen. Häufig wurde uns die Freude daran genommen.

Obwohl wir als Kinder einfach nur spiele-
risch malen und basteln wollten, wurde
uns vermittelt:
„Du kannst das sowieso nicht! So schön
ist das nun auch wieder nicht!
Das ist nicht wichtig, denn damit kannst
du später bestimmt kein Geld verdie-
nen!"

Ich bin kreativ
und freue mich dabei

Kreativität

Kreativ zu sein bedeutet, seine Einzigartigkeit zum Ausdruck zu bringen.

Ob es nun durch musizieren, malen, basteln, gestalten oder eine andere Handwerkskunst geschieht, ist gleichgültig. Auch im sportlichen Bereich, in jeglicher Form von Bewegung, dient die Lebendigkeit dazu, sich sehr wohl zu fühlen und das eigene Herz zum Hüpfen zu bringen.

Und unser inneres Kind freut sich, wieder spielen zu dürfen.

Ich nehme
meine Herzenswünsche ernst

Depression durch Funktionalität

Wir müssen im Alltag nicht nur funktionieren, sondern dürfen uns leben, so, wie es uns gut tut.

Die Herzenswünsche helfen uns dabei, wenn wir sie ernst nehmen.

Viele Menschen werden depressiv, weil sie sehr funktional geworden sind. Sie sind extrem durchorganisiert, strukturiert und diszipliniert, wie Roboter.

Die Folge davon kann sein, dass sich das Herz so bedeutungslos fühlt, dass es sich in seinen Funktionen einschränkt und erkrankt.

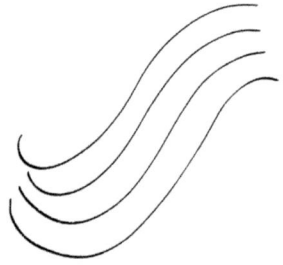

Ich richte meine Gedanken,
Worte, Gefühle und Handlungen
klar aus und weiß,
dass ich die dementsprechende
Resonanz anziehe

Manifestation von Herzenswünschen

Wie also können Herzenswünsche manifestiert werden?

Es geht dabei um die klare Ausrichtung der Gedanken, Worte, Gefühle und Handlungen.

Wenn sie in eine eindeutige Richtung gebracht werden, wie ein Laserstrahl mit gebündelter Kraft ausgesendet werden, kann das Universum, sprich das Leben, dementsprechend darauf reagieren.

Liebe Leserin und lieber Leser,

ich möchte Ihnen Mut machen, auf Ihr eigenes Herz zu hören.

Jeder Mensch kann sich selbst ein großes Geschenk bereiten, indem er seine eigenen Herzenswünsche umsetzt und lebt. Und das trägt dazu bei, dass unsere Welt liebevoller und friedlicher wird.

Herzlichen Dank und ich wünsche Ihnen, leichter und glücklicher zu leben.

Ihre Kirsten Jebsen

Liebe Leser,

ich wünsche mir, dass meine Inhalte
Ihre Herzen erreichen konnten
und möchte Sie einladen,
auch in meine anderen Bücher
und Seminare hinein zu schauen.

Aus Liebe
In Liebe
Für die Liebe

Kirsten Jebsen
www.kirstenjebsen.de
www.4ps-for-peace.com

Das Schreiben ist mein Herzenswunsch
und wird ergänzt durch meine Arbeit
als Coach und Seminarleiterin
der Bewusstseinsentwicklung.

Bücher und e-Books:

"Am Anfang der Reise zu Dir Selbst", 2003
"Die Kleinschmidts und Victoria", 2006
"Die Kleinschmidts und Struppi", 2006
"Die Kleinschmidts und Victorias Babys", 2009
"Federführungen", 2006
"Spitze Findigkeiten", 2006
"Herzensweisen", 2007
"Danke", 2007
"Das kleine Es", 2007
"Im Reich der Liebe", 2008
"Zwischen den Tasten oder wie das Leben so spielt",
2009
"Wofür brennst Du?", 2009
"Opfer oder Täter - ein Handbuch für alle Fälle", 2011
"Mein Verstand und ich", 2016
"Fülle deinen Kelch", 2016
„Sei doch einfach Liebe", 2016
„BewusstSein", 2017
„HerzensWunsch", 2017
„Unternehmen MenschSein", 2017
„FreiSein", 2017"
„ErfolgReich", 2017

Fotobücher:

"Himmel Sinfonien", 2006
"Danke, dass Du den Weg zu mir gefunden hast", 2006
"Seelenklänge", 2006

Notizen

_____